DIE BESTEN ANGLERTRICKS

DIE BESTEN ANGLERTRICKS

Thomas Gretler

KOSMOS

INHALT

Ködertricks

KLEINE KNIFFE MIT GROSSER WIRKUNG

So mancher Fang wird erst durch den richtigen Trick möglich.

Oft sind es nur Kleinigkeiten, die beim Angeln über den Fangerfolg entscheiden. Mal ist es der attraktive, rote Wollpuschel am Drilling eines Blinkers, mal ist es das Blei, das nicht im Bodenschlamm versinkt. Oder es ist die Schnur, die trotz starker Strömung erst bei einem Biss ungehindert von der Rolle läuft. So warten mit jedem Tag am Fischwasser neue Herausforderungen auf uns. Das eine Mal stellen Sie beim Auspacken der Angel fest, dass die Box mit den quicklebendigen Würmern noch daheim in der Garage steht. Das andere Mal ist es einer der Tage, an dem die Regenjacke ihr Dasein im Kleiderschrank fristet, während es wieder einmal wie aus Kübeln schüttet. Die Lösungen für solche Probleme sind oft verblüffend einfach. Gerade erfahrene Angler kennen viele kleine Kniffe, die ihnen das Angeln erleichtern. Da die »alten Hasen« ihre besten Tricks aber oft wie Staatsgeheimnisse behandeln, brauchen Anfänger meist Jahre, bis sie all die kleinen Finessen rund ums Angeln gelernt haben. Im vorliegenden Büchlein sind jetzt einige der besten Anglertricks zusammengetragen. Keine komplizierte Bastelanleitungen, sondern kleine Kniffe, die Sie beim Angeln erfolgreicher machen. Und die Ihren Angeltag auch dann noch retten, wenn vor Ort auf den ersten Blick wieder einmal alles gehörig schiefgegangen ist.

PUNKTGENAU ANGELN

Beim Friedfischangeln sind Futterkörbchen in Verbindung mit einer feinen Feederrute top. Durch das Körbchen landet das Lockfutter immer direkt beim Köder. Allerdings macht diese zielgenaue Art des Anfütterns wenig Sinn, wenn Futterkörbchen und Köder bei jedem Wurf an einer anderen Stelle des Gewässers landen. Zwei kleine Tricks helfen Ihnen, immer die gleiche Stelle anzuwerfen: Suchen Sie sich am gegenüberliegenden Ufer einen markanten Punkt. Das kann ein Baum, ein Kirchturm oder ein großer Stein sein. Wichtig ist nur, dass der Punkt in direkter Verlängerung zu ihrer Angelstelle liegt. Visieren Sie bei jedem Wurf diesen Landschaftspunkt an. So haben Sie schon einmal die richtige Wurfrichtung. Nun müssen Sie noch dafür sorgen, immer in der gleichen Entfernung zum Ufer zu fischen: Markieren Sie ihre Schnur nach dem ersten Wurf oberhalb der Rolle mit einem wasserfesten Stift. Beim nächsten Wurf müssen Sie etwas über ihre Angelstelle hinauswerfen. Dann kurbeln Sie ihre Schnur soweit auf, bis die Markierung auf ihrer Schnur wieder oberhalb der Rolle liegt. Und schon angeln sie zielgenau an ihrer Anfütterungsstelle.

TIPP
Die Methode des punktgenauen Angelns funktioniert natürlich auch beim herkömmlichen Grund- und Posenfischen.

Markierungen mit wasserfester Stiften erleichtern das Auffinden der Futterstelle.

Große Rutenringe
sorgen für
große Wurfweiten.

Manchmal stehen die Fische sehr weit vom Ufer entfernt. Einige kleine Tricks können dann helfen, die entscheidenden Meter mehr an Wurfweite zu erreichen: Achten Sie zunächst darauf, dass die Spule ihrer Stationärrolle bis auf ca. 1 bis 2 Millimeter unter den Rand mit Schnur gefüllt ist. So erzielen Sie die größten Weiten. Mehr Schnur auf ihrer Spule würde zu Verhedderungen führen. Weniger Schnur zu geringeren Weiten, da die Schnur dann beim Abwickeln während des Wurfes verstärkt an der Spulenkante reiben würde. Überhaupt lautet die Faustformel: Je geringer der Reibungswiderstand, desto größer die erzielte Wurfweite. Wie lässt sich der Reibungswiderstand also noch minimieren? Eine Möglichkeit sind hochfüßige Rutenringe mit großen Durchmessern. Die hochfüßigen Ringe sorgen dafür, dass die nasse Schnur beim Wurf nicht an der Rute kleben bleibt. Und die großen Durchmesser der Ringe minimieren die Reibung der Schnur an den Rutenringen. Wenn das alles noch nicht reicht, können Sie immer noch mit Schnüren mit geringerem Durchmesser angeln. Beim Werfen bringt das oft die entscheidenden Meter mehr.

TIPP

Die größten Wurfweiten erzielen Sie mit dem Überkopfwurf.

VON TROCKENEN UND NASSEN TÜCHERN

Ein paar helle Hand- oder Geschirrtücher sind beim Angeln Gold wert. Im Frühling zum Beispiel sorgen sie für trockene Hände – und daheim für weniger Wäsche: Es ist nämlich allemal besser, wenn der zähe Schleienschleim am Handtuch landet und nicht an der Hose. Im Sommer ist dagegen oft ein nasses Handtuch erste Wahl. Damit lassen sich tierische Köder, Getränke und Nahrungsmittel hervorragend kühlen. Einfach das Tuch nass machen, kurz auswringen und den feuchten Lappen dann um die Wurm- oder Madendose wickeln. Sobald das Wasser im Tuch in der Sonne zu verdunsten beginnt, entsteht Verdunstungskälte. Dadurch werden die eingewickelten Köder gekühlt und bleiben selbst bei größter Hitze lange Zeit knackig frisch. Man darf nur nicht vergessen, das Tuch von Zeit zu Zeit wieder nachzufeuchten. Auch beim Nachtangeln ist ein helles Tuch Klasse. Einfach das Tuch auf dem Boden ablegen und wichtige Kleinteile wie Hakenlöser oder Vorfächer darauf ablegen. Da das helle Tuch auch bei schwachem Mondlicht gut reflektiert, lässt sich selbst in hektischen Angelphasen alles schnell und sicher finden.

TIPP

Wer Fische zum Abhaken auf ein nasses Tuch legt, der benötigt auch keine Abhakmatte.

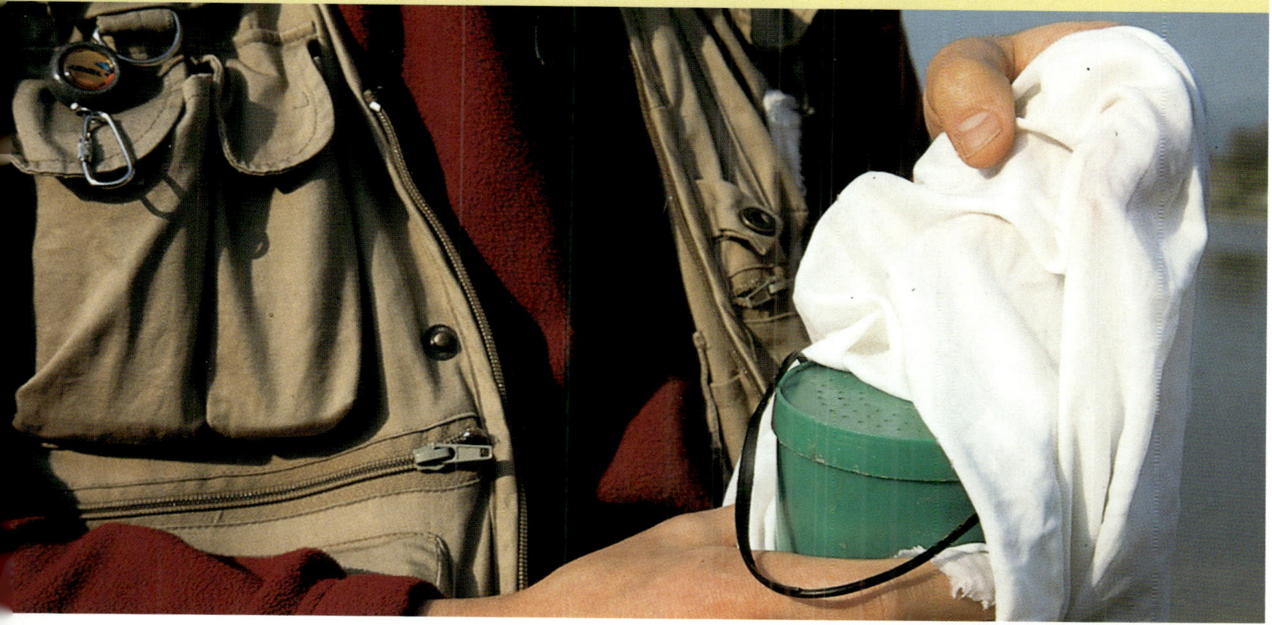
Ein feuchtes Tuch hält jeden Köder länger frisch.

Das Öl für alle Fälle – hier wird es bei der Gerätepflege verwendet

Ein Fläschchen Neo-Ballistol steht eigentlich jedem Angelgerätekasten gut an. Dieses wundersame Öl ist ein richtiges Zaubermittelchen. Mit ihm lassen sich kleine Kratzer und Wunden desinfizieren. Bei Insektenstichen und Sonnenbrand sorgt es für Kühlung und stillt den Juckreiz. Sogar bei Magenbeschwerden, Sodbrennen und Atemwegserkrankungen soll das alte Hausmittel Linderung verschaffen. Ballistol ist aber nicht nur für den Angler selbst ein Segen. Es ist auch hervorragend zur Pflege der Angelgeräte geeignet. Das Öl ist ein gutes Schmiermittel und bewährt sich zudem als zuverlässiger Rostschutz. Folglich lassen sich mit Ballistol nicht nur Haken, Ködernadeln oder Drahtvorfächer konservieren, sondern auch alle beweglichen Teile der Angelausrüstung schmieren. Wenn das Laufröllchen einer Stationärrolle sich nicht mehr richtig dreht oder die einzelnen Teile einer Teleskoprute oder des Teleskopkeschers klemmen, wirken einige Tropfen Ballistol oft Wunder. Dabei ist das vielseitige Öl nicht neu. Jäger schätzen es schon seit über 100 Jahren als Mittel zur Waffenpflege.

KIESELSTEINE ALS UNAUFFÄLLIGE GRUNDBLEIE

Material:
Kieselsteine,
Monofilschnur
(ø 0,20–0,35 mm),
Tönnchenwirbel,
Sprengringe,
Karabinerwirbel,
Sekundenkleber

Die besten Fische stehen oft dort, wo es viele Hänger gibt. Schade nur, dass Sie beim Angeln an der hängerträchtigen Top-Stelle gerade ihr letztes Grundblei verloren haben? Behelfen Sie sich doch mit einem Kieselstein in passender Größe. Knüpfen Sie den Stein an ein 15 bis 20 Zentimeter langes Stück Monofilschnur. Besonders geeignet sind Kieselsteine, die eckig oder in der Mitte etwas eingedellt sind. Von solchen Steinen rutscht die Schnur nicht so leicht ab. An das andere Ende des Schnurstücks binden Sie einen Tönnchenwirbel oder einen kleinen Sprengring, den Sie auf die Hauptschnur schieben. Fertig ist der Kieselstein am Seitenzweig. Wer es ganz professionell machen will, kann einen Karabinerwirbel mit Sekundenkleber direkt auf einen Kieselstein kleben. Die etwas fummelige Arbeit lohnt sich: Erstens sind Kieselsteine im Wasser wesentlich unauffälliger als Bleie. Zweitens sind sie in allen denkbaren Formen und Gewichten verfügbar. Und drittens löst sich meist die Klebeverbindung, wenn sich beim Drill eines Fisches der Kieselstein am Grund verhakt. So verlieren Sie weder Fisch noch Karabiner – sondern nur einen Stein.

Kieselsteine erfüllen nicht nur die Funktion des Bleis, sondern sind auch noch sehr unauffällig.

GUMMIRINGE ERSETZEN FREILAUFROLLEN

TIPP
Lassen Sie die Gummiringe am besten auf dem Handteil Ihrer Rute. Sie sind auch perfekt dafür geeignet, um den Haken Ihrer fertig montierten Rute beim Transport zu fixieren.

Beim Grundangeln auf Karpfen oder mit toten Köderfischen auf Hecht und Zander ist es ein großer Vorteil, wenn der beißende Fisch Schnur von der Rolle ziehen kann, ohne einen Widerstand zu spüren. Deshalb fischen viele Angler mit geöffnetem Schnurfangbügel. Allerdings ist dabei die Bisserkennung schwierig, wenn es windig ist oder eine starke Strömung immer wieder Schnur von der Spule zieht. Wenn Sie sich keine Freilaufrolle kaufen wollen, sollten sie erst einmal den Trick mit den Gummiringen ausprobieren. Dazu müssen Sie nur ein paar Gummiringe über den vorderen Teil des Handgriffes ihrer Rute ziehen. Jetzt können Sie – bei geöffnetem Schnurfangbügel – eine kleine Schnurschlaufe unter den Gummiringen fixieren. Bei geringer Strömung reicht es aus, wenn Sie die Schnurschlaufe unter einen Ring schieben. Ist es sehr windig oder herrscht eine starke Strömung, schieben Sie die Schnurschlaufe einfach unter mehrere Ringe. So können Sie den Widerstand fast beliebig variieren. Beißt ein Fisch, zieht er die Schnurschlaufe aus den Gummiringen und kann dann ungehindert Schnur von der Rolle ziehen.

Der Gummiring hält die Schnur, die sich beim Biss aber sofort lösen kann.

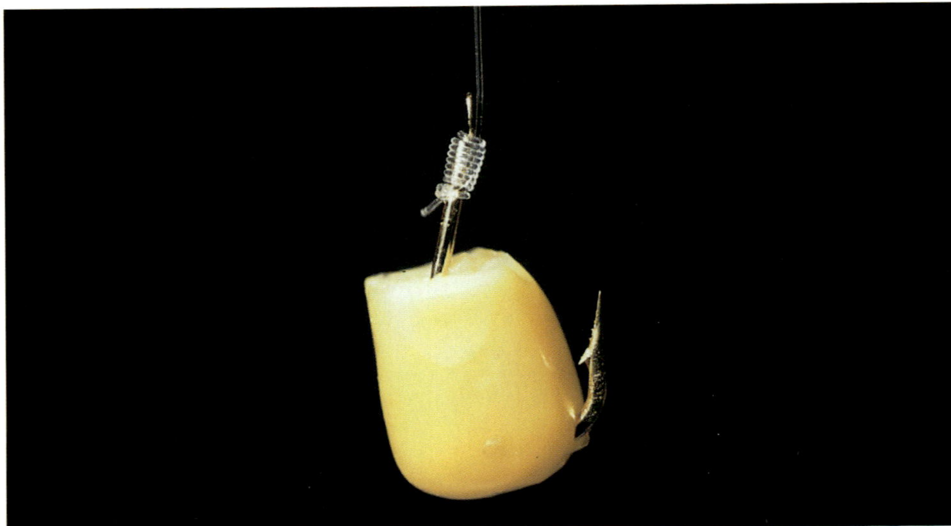

Egal um welchen Köder es sich handelt, Hakenspitze und Widerhaken sollten immer frei bleiben.

Scharfe Haken fangen Fische. Aus diesem Grund gehört ein Hakenschleifstein in jeden Angelkoffer. Wie lässt sich aber die Schärfe eines Hakens überprüfen? Am schnellsten geht das mit dem sogenannten Daumentest. Einfach den Haken auf den Fingernagel des Daumens aufsetzen. Ist der Haken noch ausreichend scharf, krallt er sich bei leichtem seitlichen Zug sofort im Nagel fest. Ist er dagegen nicht mehr scharf genug, schlittert er über den Fingernagel. Spätestens dann ist nachschärfen angesagt. Mindestens genauso wichtig ist es, den Haken richtig zu beködern. Egal ob Sie mit Mais, Brot, Maden oder Würmern angeln – damit der Anhieb richtig durchkommt, sollten Sie Hakenspitze und Widerhaken immer frei lassen. Die Fische stört das viel weniger, als Sie vielleicht denken. Spinn- und Fliegenfischer fangen schließlich auch – und bei denen bleibt die Hakenspitze immer frei. Probieren Sie den Trick mit der freien Hakenspitze einmal beim Friedfischangeln aus. Da sich der Angelhaken beim Anhieb nicht erst durch den Köder arbeiten muss, bevor er im Maul des Fisches fassen kann, werden Sie sicher mehr Fische haken können.

ALLHEILMITTEL ISOLIERBAND

Ein oder zwei Isolierbänder gehören in jeden Gerätekoffer. Sie sind beim Angeln regelrechte Allheilmittel. So eignen sie sich zunächst einmal für Reparaturen aller Art. Mit den Bändern lassen sich zum Beispiel lockere Steckverbindungen, wackelige Rutenringe oder rutschende Rollenhalter fixieren. Auch Löcher in der Wathose oder im Watstiefel können vor Ort erst einmal notdürftig geflickt werden. Und wer den schützenden Gummipfropfen am Handteil seiner Rute verliert, kann stattdessen das Ende seiner Rute mit mehreren Lagen Klebeband versehen. Auch im Winter ist ein Isolierband häufig Retter in der Not: Wenn sie Metallteile wie Rollenfuß oder Schraubrollenhalter dick mit Klebeband umwickeln, holen Sie sich so schnell keine kalten Finger mehr. Die vielseitigen Bänder können aber noch viel mehr. So sind farbige Isolierbänder hervorragende Sichthilfen beim Posenfischen. Wer ein rotes, ein weißes und ein schwarzes Band in seinem Gerätekoffer hat, ist sogar schwierigen Gegenlichtsituationen gewachsen. Einfach die jeweils am besten sichtbare Farbe um die Posenspitze wickeln – schon lässt sich der auf dem Wasser dümpelnde Schwimmer wieder gut

Stiefel flicken mit Hilfe von Isolierband.

TIPP
Rutenhalter oder Kescherhandgriffe eignen sich ebenfalls für ein Behelfsmaßband aus Klebeband.

erkennen. Wird es dann dunkel, lässt sich mit ein oder zwei Wicklungen Klebeband im Handumdrehen ein Knicklicht am Schwimmer oder an der Rutenspitze befestigen. In Verbindung mit einem wasserfesten Folienstift sind Isolierbänder auch gute Ordnungshüter. Sie müssen nur ein Stückchen weißes Klebeband auf Zubehördöschen, Spulen und Schnurrollen kleben und dann mit dem wasserfesten Stift beschriften. Schon wissen Sie immer über die jeweilige Schnurstärke bzw. über den Inhalt der einzelnen Döschen Bescheid. Schließlich kann ein Isolierband auch noch das Maßband ersetzten. So geht's: Daheim messen Sie mit einem Maßband vom Ende ihrer Rute Richtung erster Rutenring. Die wichtigsten Schonmaße markieren Sie auf dem Handteil ihrer Rute jeweils mit einer Wicklung hellem Isolierband. Dann beschriften Sie die einzelnen Markierungen noch mit einem wasserfesten Stift – fertig ist Ihr »Immer-dabei-Ruten-Maßband«. Jetzt können Sie beim nächsten Angelausflug sogar beim Watfischen blitzschnell entscheiden, ob Ihr Fisch das Maß hat oder nicht.

So kann man Posen unterschiedlich kennzeichen und ihre Sichtigkeit verbessern.

Nachtangeln –
ohne Stirnlampe tappt
man im Dunkel.

Nachtangeln kann sehr erfolgreich sein. Manchmal ist es allerdings Slapstick pur. Wenn Sie zum Beispiel die Rute mit dem prächtig daran tobenden Fisch in der rechten Hand halten, während Sie mit Ihrer linken Hand krampfhaft den Kescher umklammern, um damit nach der Beute zu stochern. Im Dunkeln versteht sich, denn die winzige Stablampe in Ihrem Mund macht sich gerade mal wieder selbstständig. Dafür malen Sie – während Sie das kleine, leuchtende Stäbchen mit abenteuerlichen Lippenverrenkungen an Ort und Stelle zu halten versuchen – wenigstens wunderschöne Lichtkringel in den Himmel. Ihnen ist das noch nicht passiert? Glückwunsch, dann sind Sie entweder immer mit einem zuverlässigen Angelpartner unterwegs oder gleich auf den Trick mit der Stirnlampe verfallen. Die praktischen Lampen sorgen beim Angeln dafür, dass Sie immer beide Hände frei haben. Ein kleiner Dreh mit dem Kopf reicht aus, schon leuchten Sie genau dorthin, wo Sie das Licht auch brauchen. Besonders gut sind die neuen Stirnlampen mit Leuchtdioden. Sie brennen um ein Vielfaches länger als herkömmliche Lampen mit Halogenbirnchen.

TIPP
Denken Sie an einen Satz Ersatzbatterien im Gerätekasten. Dann geht Ihnen auch in der längsten Angelnacht das Licht nicht aus.

THERMOSTIEFEL AUS PLASTIKTÜTEN

Oft helfen beim Angeln ein paar Plastiktüten weiter. Sie halten bei einem Regenschauer nicht nur Brotzeit, Köder und Fotoausrüstung trocken, sondern sorgen auch für warme Füße. Probieren Sie doch einmal folgenden Trick: Zuerst ziehen Sie eine dünne Socke an, darüber kommt eine Plastiktüte, den Abschluss bildet dann eine dicke Socke. Jetzt müssen Sie nur noch in den Stiefel steigen und fertig ist Ihr Behelfs-Thermostiefel. Die innere Socke wird im Laufe der Zeit zwar feucht. Durch die Plastiktüte bleiben die äußere Socke und der Stiefel aber trocken – und ihre Füße damit mollig warm. Sie schmoren sozusagen in ihrem eigenen Saft. Hilfreich sind auch große Mülltüten. Wenn Sie sich zum Beispiel beim Watangeln ein Loch in Ihren Watstiefel reißen, können Sie Ihren Angeltag immer noch retten.
Ziehen Sie sich die Tüte über das Bein und schlüpfen Sie so in den defekten Watstiefel. Der wird

TIPP
Große Mülltüten sind bei heftigen Regenfällen besonders praktisch. In Ihnen finden auch große Teile wie Angelrucksäcke und Gerätekoffer Schutz. Zur Not lassen sie sich sogar in wasserdichte Notponchos verwandeln. Einfach eine Öffnung für den Kopf in den Boden des Müllsacks schneiden, dazu noch zwei seitlich Öffnungen für die Arme. Überziehen – und fertig ist der Regenschutz.

zwar innen feucht und läuft vielleicht sogar mit Wasser voll, ihre Füße bleiben aber trocken. Um sich gegen die eindringende Kälte zu schützen, ist allerdings ein dickes Paar Reservesocken Pflicht. In jedem Fall kann man sich mit den Plastiktüten behelfen. Das erspart nicht nur die Erkältung sondern auch so manchen Euro.

Thermostiefel sind extrem teuer – das muss nicht sein.

WARM IM WINTER

Winterangeln kann durchaus erfolgreich sein. Spaß macht es allerdings nur, wenn Sie nicht bereits nach zehn Minuten zähneklappernd gegen die Kälte ankämpfen müssen. Hier einige Tricks, die für warme Körper bei eisigen Temperaturen sorgen: Achten Sie bei der Kleidung auf das Zwiebelprinzip. Ziehen Sie lieber mehrere dünne Kleidungsstücke übereinander an, als nur zwei dicke. Die dünnen Luftschichten zwischen den einzelnen Kleidungsstücken isolieren nämlich ganz hervorragend. Sehr empfehlenswert ist auch eine Thermoskanne mit heißem Tee oder einer heißen Gemüse- oder Hühnerbrühe. Das wärmt nicht nur von innen, sondern sorgt in einer Tasse auch für warme Hände. Achten Sie bei Ihren Schuhen auf eine dicke Sohle. Je dicker die Sohle, desto wärmer der Fuß. Gut geeignet fürs Winterangeln sind Gummistiefel mit dicken Innensohlen. Zur Not können Sie sich diese Innensohlen aus Styropor, Wellpappe oder PU-Schaum selbst zurecht schneiden. Klasse sind auch die Styroporplatten, die oft als Verpackungsmaterial eingesetzt werden. Sie sind federleicht und isolieren

TIPP

Für warme Hände sorgen neben dicken Handschuhen (Fäustlinge sind wärmer als Fingerhandschuhe!) auch chemische Handwärmer. Die wieder aufladbaren Taschenwärmer sind bei Wander- und Trekkingausstattern erhältlich. Noch eins: Vergessen Sie Ihre dicke Mütze nicht!

ganz hervorragend – sei es als Sitzunterlage oder als Unterlage für die Füße. Auch Handschuhe sind wichtig, da sonst die Finger klamm werden. Der Fachhandel bietet inzwischen Handschuhe, bei denen Daumen und Zeigefinger frei geklappt werden können. Dies erleichtert das Hantieren am Gerät ungemein.

Hilfsmittel, die Sie im Winter vor Kälte schützen.

So schön kann Angeln sein!

PRAKTISCHE BISSANZEIGER FÜR TAG UND NACHT

Material:
Filmdosen, Draht, Feuerzeug, (Köder-)Nadel

TIPP
Ein ähnlich vielseitiger Bissanzeiger lässt sich auf die gleiche Weise aus Überraschungseiern oder Tablettenröhrchen basteln.

Mit wenigen Handgriffen können Sie aus einer leeren Filmdose einen hervorragenden Bissanzeiger basteln: Zunächst brennen Sie mit einer Nadel, die vorher mit einem Feuerzeug erwärmt wurde, ein Loch in den Deckel der Filmdose. Dann schieben Sie einen etwa acht Zentimeter langen Draht durch dieses Loch. Den Draht knicken sie auf der Innenseite des Deckels etwas um, so dass er nicht mehr herausrutschen kann. Den Teil des Drahtes, der aus dem Deckel herausschaut, formen sie zu einem Halbbogen. Jetzt müssen Sie nur noch Dose und Deckel zusammenstecken, schon ist der sensible Bissanzeiger fertig. Beim Angeln hängen Sie den Bissanzeiger nahe der Rolle zwischen dem ersten und zweiten Rutenring in die Schnur. Lockern Sie die Schnur etwas, damit der Bissanzeiger Spiel nach oben und unten hat. Steigt oder fällt die Dose, macht sich ein Fisch am Köder zu schaffen. Der eigentliche Clou am Filmdosen-Bissanzeiger ist aber seine Vielseitigkeit. Wenn Sie bei Wind oder in starker Strömung fischen, füllen Sie die Dose einfach mit etwas Sand oder ein paar Bleischroten. Und im Dunkeln sorgt ein Knicklicht in der durchsichtigen Filmdose dafür, dass Sie keinen Biss verpassen. Beim Anschlagen löst sich der Filmdosen-Bissanzeiger von allein aus der Schnur. Sollten Sie Ihren Bissanzeiger nach hektischem Drill nicht mehr wieder finden – nicht so schlimm, war ja nur eine leere Filmdose.

Eine eingehenkte Filmdose ist ein perfekter Bissanzeiger für cas Grundangeln.

FILMDOSEN ALS FUTTERKÖRBCHENERSATZ

Kennen Sie das: Beim Angeln mit Feederrute und Futterkorb beißen die Fische zwar prächtig, aber in dem hängerträchtigen Gewässer haben Sie mal wieder Ihr letztes Körbchen verballert. Mit etwas Geschick und einer leeren Filmdose können Sie ihren Angeltag immer noch retten. Brennen Sie diesmal mit der Nadel ein Loch in den Boden der Filmdose. Dann knoten Sie ein Kugel- oder Birnenblei an ein ca. 15 Zentimeter langes Stück Monofilschnur. Ziehen sie die Schnur so durch das Loch in der Filmdose, dass das Blei innen zu liegen kommt. An das andere Ende des Schnurstücks binden Sie einen Wirbel oder Sprengring. Die Filmdose füllen Sie mit angefeuchtetem Paniermehl – schon ist das Futterkörbchen für die Seitenarmmontage fertig. Den Deckel lassen Sie beim Auswerfen einfach weg. Noch schneller wird Paniermehl aus der Dose herausgespült, wenn Sie mit einem scharfen Messer zwei schräge Öffnungen in den Boden schneiden. Natürlich können Sie mit dieser Methode auch Madenkörbchen basteln. Am besten machen Sie das zu Hause,

TIPP

Mit leeren Filmdosen lässt sich beim Angeln auch prächtig Ordnung halten: Wirbel, Knicklichter, Haken, Bleie und andere Kleinteile sind in ihnen nicht nur platzsparend und sicher aufbewahrt. Sie lassen sich in den fast durchsichtigen Dosen auch leicht wiederfinden.

indem Sie die Dose in einem Schraubstock fixieren und mit einer Bohrmaschine Madenlöcher in die Filmdose bohren.
Auch auf unterschiedliche Gewässer können Sie sich wunderbar einstellen: Bei schneller Strömung kommt ein schweres Blei in die Dose, bei Stillwasser reicht natürlich ein leichteres Blei völlig aus.

Nur ein paar Handgriffe und fertig ist der Futterkorb.

HAKENSCHUTZ AUS KORK

Wenn man keine Haken mehr im eigenen Fleisch haben möchte, sollte man vorsorgen.

Stinknormale Flaschenkorken sind beim Angeln patente Helferlein. Sie bewahren zum Beispiel vor Verletzungen durch frei herumbaumelnde Angelhaken. Gehören Sie auch zu den eher faulen Menschen, die ihre fertig montierten Angelgeräte nicht nach jedem Angeltag mühsam auseinander bauen wollen? Dann ist ein Stückchen

Kork für Sie Gold wert. Schieben sie nach dem Fischen Vorfach samt Haken durch einen der Rutenringe. Dann sichern Sie den Haken auf der anderen Seite mit einem Stückchen Flaschenkork. Und schon gibt es nie wieder schmerzverzerrte Gesichter, nur weil sich der Angelhaken beim schnellen, beherzten Zusammenpacken wieder einmal mit Wucht in die Finger gebohrt hat.
Sogar Drillinge lassen sich mit Kork transportgerecht sichern. Schneiden Sie dazu mit einem scharfen Messer eine runde, etwa einen Zentimeter dicke Scheibe von einem Flaschenkorken ab. Kerben Sie die Scheibe auf einer Seite etwa bis zur Mitte ein. Nun können Sie den Schaft des Drillings so über die Korkscheibe schieben, dass der Kork über den Hakenspitzen liegt. Die Korkscheibe noch leicht auf die Spitzen drücken, fertig ist der Hakenschutz.

TIPP
Wer die Drillinge der Spinner, Blinker und Wobbler in seiner Köderbox mit Korkscheiben schützt, kann viel Zeit sparen: Unentwirrbar verhakte Kunstköder gehören der Vergangenheit an.

KORKENTRICKS FÜR SCHLAMMIGEN GRUND

Richtig tückisch beim Grundangeln ist ein schlammiger Gewässergrund. Oft sinken Blei und Schnur mehrere Zentimeter tief in den Boden ein. Beißt ein Fisch, läuft die Schnur nicht mehr ungehindert ab. Im schlimmsten Fall spürt der Fisch den erhöhten Widerstand und lässt den Köder sogar wieder los.
Abhilfe schafft ein Stehaufmännchen aus Flaschenkork: Binden Sie ein Birnenblei an ein 15 bis 20 Zentimeter langes Stück Monofilschnur (ø 0,25–0,35 mm). Mit einer Ködernadel fädeln Sie das andere Ende der Schnur durch eine ein bis zwei Zentimeter hohe Korkscheibe (mit einem scharfen Messer aus einem Flaschenkorken zurechtschneiden). Im nächsten Schritt befestigen Sie einen kleinen Tönnchenwirbel an der Schnur. Danach schieben

TIPP

Kleine Korkstückchen können auch helfen, den Köder über Schlammboden schweben zu lassen. So wird's gemacht: Fädeln Sie ein Korkstückchen auf das Vorfach und schieben Sie es bis unmittelbar hinter den Haken. 10 bis 15 Zentimeter vom Haken entfernt klemmen Sie ein Schrotblei aufs Vorfach. Im Wasser sinkt das Schrotblei in den Bodenschlamm. Das Korkstückchen sorgt aber dafür, dass Haken und Köder knapp über dem Schlamm schweben.

Sie den Kork etwas über den Wirbel. Er sollte fest auf der unteren Hälfte des Tönnchenwirbels sitzen. Jetzt müssen Sie den Wirbel nur noch auf die Hauptschnur fädeln, schon ist die Seitenzweigmontage mit einem praktischen Stehaufmännchen aus Kork fertig. Unter Wasser treibt der Flaschenkork auf und sorgt so auch auf schlammigem Grund für einen ungehinderten Schnurdurchlauf.

Ein perfekter Schutz gegen Schlamm:
Das Korkblei am Seitenzweig.

Diese Durchlaufpose ist nicht nur billig, sondern genauso zuverlässig wie jede andere.

»RETTUNGSSCHWIMMER« AUS KORK

Die Schachtel mit den Posen daheim vergessen? Noch eine der Situationen, in der sich ein ausgedienter Flaschenkorken als Retter in der Not erweisen kann. Wenn Sie es zum Beispiel auf Köderfische abgesehen haben, eignen sich flache Korkscheiben, die Sie mit einem scharfen Messer von einem Flaschenkorken abschneiden, als Schwimmerersatz. Sie müssen nur die Scheibe mit einer Ködernadel durchstechen und dann auf die Angelschnur fädeln. Haben Sie es auf größere Fische abgesehen, verwenden sie am besten einen ganzen Korken. Zu Hause können Sie aus einem Flaschenkorken mit ein wenig Geschick sogar einen flotten Durchlaufschwimmer basteln. Alles was Sie dazu brauchen, ist ein dünner Trinkhalm (Einweg-Saftverpackungen) und einen Holzbohrer, der um einen Hauch dünner als das Röhrchen ist. Durchbohren Sie den Korken in Längsrichtung. Dann schieben Sie den Trinkhalm vorsichtig durch das Loch. Er darf ruhig etwas klemmen, schließlich soll er ja nicht beim ersten Wurf aus der Korkpose rutschen. Den Trinkhalm noch auf die richtige Länge abschneiden, schon ist der Durchlaufschwimmer einsatzbereit.

Material:
Flaschenkork,
Ködernadel,
scharfes Messer,
Trinkhalm,
Holzbohrer.

CLEVER ANGELN MIT STYROPOR

Ähnlich wie Kork lässt sich auch Styropor als Notpose oder als Auftriebskörper für Stehaufbleie verwenden. Darüber hinaus ist Styropor ein hervorragender Bissanzeiger, wenn Sie mit der Grundrute und offenem Rollenbügel auf Karpfen, Hechte oder Zander angeln.

Schneiden Sie ein zwei bis drei Zentimeter großes Stück Styropor auf einer Seite etwas ein und klemmen Sie es nach dem Auswerfen der Rute oberhalb der Rutenspitze auf die Angelschnur. Nun kurbeln Sie die Schur soweit auf, bis sie gestreckt ist. Im nächsten Schritt legen Sie die Rute waagrecht auf zwei Rutenhaltern ab. Die Rute sollte dabei in Richtung Angelstelle zeigen. Öffnen Sie den Schnurfangbügel Ihrer Rolle. Wenn dabei ein paar Klänge Schnur von der Spule fallen und sich das Styropor dadurch einen halben Meter von der Rutenspitze in

TIPP

Mit kleinen Styroporstückchen können Sie tote Köderfische über schlammigen oder krautigen Grund aufschwimmen lassen. Dazu müssen Sie einen kleinen Styropokegel zurechtschneiden und über die Mundöffnung in den Bauchraum des toten Köderfischchens schieben.

Richtung Gewässer entfernt, so macht das nichts. Im Gegenteil: Das Styropor darf sogar auf dem Wasser schwimmen. Sobald ein Fisch beißt und Schnur von der Rolle zieht, setzt sich auch das Styropor in Bewegung. Da es auf der Wasseroberfläche schwimmt, sind Sie beim Biss immer darüber informiert, was der Fisch gerade macht.

Der Bissanzeiger – eine von vielen Verwendungsmöglichkeiten für Styropor.

SPARKÖDER AUS DEM KÜCHENREGAL

Beim Angeln müssen es nicht immer die teuren Proteinköder, Duftmittelchen und Anfüttermischungen sein. Nein – viele Hilfsmittel und Köder finden sich auch in der heimischen Küche. Hier nur einige Anregungen: Paniermehl ist gerade in großen Packungen preiswert und eine hervorragende Basis für ein gutes Grundfutter. Es lässt sich sehr gut mit Haferflocken mischen. Puder-, Gelier- oder feiner normaler Zucker sorgen für Süße. Abrunden können sie ihre Futtermischung mit Vanillezucker, Puddingpulver, Kakao, Honig oder Marmelade. Experimentierfreudige Fischer sollten auch mal einen Blick ins Gewürzregal werfen. Vielleicht bringt ja gerade ein Hauch Zimt oder etwas Curry den letzten Kick. Auch bei den Angelködern selbst werden Sie im Küchenregal fündig. Wesentlich billiger als Boilies ist Hundefutter. Das proteinreiche Trockenfutter hat sich in vielen Gewässern als guter Karpfenköder bewährt. Fische beißen auch auf

TIPP

Allerweltsköder wie Mais oder Teig lassen sich sehr leicht »frisieren«. Tauchen Sie den Haken mit dem Köder vor dem Auswerfen einfach kurz in Honig.

klassische Küchenköder wie Weißbrot, Kartoffeln, Dosenmais oder Käse. Ebenfalls einen Versuch wert sind eher exotische Köder wie Frühstückswurst, Bananen, Kirschen oder Nudeln.

So kann der Lebensmitteleinkauf in Zukunft wieder Spaß machen.

TIPP
Wer einen alten Fleischwolf daheim hat, kann sich sein Paniermehl aus alten Semmeln und hartem Weißbrot selbst mahlen.

Richtig angeköderte Brotkruste.

Weiche Köder sind oft besonders fängig, fliegen beim Wurf aber gerne vom Haken. Zum Glück gibt es einige Kniffe, die das Auswerfen weicher Köder leichter machen. Wenn Sie zum Beispiel mit Brotkruste angeln, sollten Sie den Haken immer durch die Kruste stoßen. Dabei durchstechen Sie die Kruste für besonders weite Würfe am besten gleich zweimal. Beim Angeln mit weichgekochten Kartoffeln und Teigkugeln gibt es ebenfalls einen Trick, der höhere Wurfweiten ermöglicht. Idealerweise angeln Sie mit einem Drilling und schieben zunächst ein Blattstückchen auf den Hakenschenkel. Wenn Sie jetzt den Köder einziehen, legt sich das Blattteilchen als Puffer zwischen den Köder und die drei Hakenbögen. So verhindert das Blatt beim Auswerfen ein Ausschlitzen des Köders. Alternativ können Sie als Puffer natürlich auch ein Stückchen Zeitungspapier oder Brotrinde verwenden. Und beim Friedfischangeln mit einem Einfachhaken und Teig bieten sich einige Maden auf dem Hakenschenkel als Puffer an. Damit können Sie nicht nur weiter werfen: Gleichzeitig locken Sie die Fische auch noch mit einem äußerst attraktiven Kombiköder an.

TIPP

Beim Angeln mit einer Brotflocke erzielen Sie größere Wurfweiten, wenn Sie die Flocke vor dem Wurf kurz ins Wasser tunken.

KÖDER VOR ORT

Köder vergessen? Das ist noch lange kein Grund, sein Angelgerät wieder einzupacken. Stattdessen ist jetzt ihre Experimentierfreude und Entdeckerlust gefragt. Im und am Wasser gibt es eine Fülle erstklassiger Köder – Sie müssen sie nur finden. So sind zum Beispiel Heuschrecken im Hochsommer ein Topköder für Weißfische, Forellen und Äschen. Am besten jagen sie die kleinen Hüpfer auf sonnigen, wassernahen Wiesen. Sie können sie mit einer schnellen Bewegung der hohlen Hand fangen. Noch komfortabler ist die Jagd mit einem Einmachglas samt Deckel. Haben sie eine Heuschrecke ausgespäht, stülpen Sie das Glas über den Hüpfer und schieben dann den Deckel drunter. Schon ist der Hüpfer in der Falle. Und beim Ködertransport leistet das Glas ebenfalls gute Dienste. Sinnvoll ist es auch, unter großen Steinen und unter Totholz zu suchen.

TIPP

Besonders leicht lassen sich Fliegen und Heuschrecken mit einer improvisierten Fliegenklatsche fangen. Einfach eine Zeitung so zusammenfalten, dass eine feste Schlagfläche entsteht. Vorausgesetzt, Sie haben Ihre Angelzeitschrift mit am Wasser.

Darunter findet sich oft ein ganzes Sammelsurium Erfolg versprechender Köder. Die Palette reicht von Spinnen über Käferlarven und Asseln bis hin zu dicken Tauwürmern. Aber nicht nur an Land lassen sich Topköder finden. Viele einheimische Fischarten sind in erster Linie Kleintierfresser, die sich haupt-

Würmer lieben dunkle Verstecke.

sächlich von bodenbewohnenden Wirbellosen wie Insektenlarven, Krebstieren, Würmern, Egeln, Muscheln und Schnecken ernähren. Dass diese sogenannten Fischnährtiere auch hervorragende Angelköder abgeben, versteht sich von selbst. Tabu sind allerdings unter Naturschutz stehende Arten wie Edelkrebse, Süßwassermuscheln, sowie Libellen und deren Larven. Trotzdem ist die Auswahl an fängigen Ködern gewaltig: In Teichen, Weihern und vielen Seen finden sich zum Beispiel Süßwasserschnecken im Uferschlamm. Sie werden samt Häuschen angeködert und sind bei Karpfen, Schleien und Aalen beliebt. In Bächen und Flüssen gehen Sie am besten auf der Unterseite großer Steine oder im wasserdurchspülten Geröll auf Ködersuche. Da der Strömungsdruck in diesen Bereichen am geringsten ist, halten sich die Fischnährtiere dort besonders gerne auf. Wenn Sie dabei Köcherfliegenlarven finden, können Sie sich be-

TIPP
Ein gutes Hilfsmittel, um Fischnährtiere gezielt aus dem Uferschlamm zu sieben, ist ein ausrangiertes Küchensieb.

glückwünschen. Jetzt verfügen Sie über einen echten Leckerbissen für Forellen, Äschen, Weißfische und Barsche. Am besten befreien Sie die Larven aus ihrem Steingehäuse und bieten sie an einem feinen Haken an. Hervorragend sind auch Bachflohkrebse. Die kleinen Krebstierchen stellen an man-

Schnecken – ein toller Köder für Aal, Schleie und auch Andere.

chen Bächen die Hauptnahrung der Forellen. Weitere attraktive Köder sind zum Beispiel Egel, Wasserasseln, Tubifexwürmer sowie Steinfliegen- und Zuckmückenlarven. Gerade kleinere Fischnährtiere wie zum Beispiel Zuckmückenlarven eignen sich auch sehr gut zum Köderfischfang. So wird aus einem Angeltag ohne Köder vielleicht sogar noch ein erfolgreicher Hecht- oder Zandertag. Und wer es lieber vegetarisch mag, sollte mal einen Versuch mit Holunderbeeren, Weintrauben, Kirschen oder Algenfetzen starten. Damit lassen sich vor allem Rotaugen, Rotfedern und Döbel fangen. Als letzte Alternative bleibt immer noch das gute, alte Butterbrot: Wenn Sie mit ihrer Brotzeit einen dicken Karpfen überlisten, gehen Sie sicher gerne mit knurrendem Magen nach Hause.

TIPP

Ritzen Sie tote Köderfische mit dem Messer einige Male ein. Dadurch wird im Wasser eine Duftfahne freigesetzt, die Raubfische anlockt.

Eigentlich möchte man selber zubeißen, warum sollten die Fische dies nicht auch tun?

TAUWURMSUCHE LEICHT GEMACHT

Fast alle einheimischen Fischarten stehen auf Tauwürmer. Allerdings ist es nicht ganz leicht die Schleicher aufzutreiben. Doch man sollte deswegen nicht auf diesen Köder verzichten. Höchste Zeit also, aktiv zu werden und selber auf Wurmjagd zu gehen.

Am besten machen Sie das nachts – nur bewaffnet mit einer Taschenlampe und einem kleinen Eimerchen. Das ideale Jagdrevier ist ein frisch gemähter, feuchter Rasen. Bei der Pirsch ist allerdings Vorsicht angesagt, Tauwürmer sind misstrauische Gesellen. Wenn Sie zu fest auftreten oder die Würmer mit der Taschenlampe direkt anstrahlen, verschwinden sie sofort auf Nimmerwiedersehen in der Erde. Am besten suchen Sie also diejenigen Bereiche des Bodens nach Würmern ab, die nicht im Hauptlichtkegel Ihrer Taschenlampe liegen. Oder Sie befestigen ein Stück rote Folie mit einem Gummiring vor dem Strahler Ihrer Lampe. Rotes Licht schreckt Tauwürmer noch am wenigsten.

TIPP

Besonders frisch und knackig bleiben die Würmer, wenn Sie Ihren Wurmeimer mit feuchtem Moos füllen.

Spätestens wenn Sie den ersten Wurm entdecken, wird auch Sie die Jagdleidenschaft packen. Bevor das Duell beginnt, sollten Sie noch einmal tief durchatmen – und einen kurzen Moment über die Situation reflektieren. Ist Ihr kleiner Gegner ganz aus der Erde gekrochen, oder befindet sich sein

Ein kleines Eimerchen genügt als Aufbewahrungsbehälter.

TIPP
Ein Komposthaufen im Garten ist eine wahre Fundgrube für die ebenfalls sehr fängigen Mistwürmer.

Schwanzende noch im schützenden Erdloch? Im ersten Fall haben Sie gute Chancen, den Wurm durch einen blitzschnellen Griff mit Daumen und Zeigefinger zu überraschen und so ohne viel Federlesen in Ihr Eimerchen zu befördern. Solch »leichtsinnige Würmer« sind allerdings selten. Häufiger ist der zweite Fall. Dann ist eine etwas geplantere Vorgehensweise nötig. Der Wurm ist insofern im Vorteil, als er sich in Sekundenbruchteilen in sein Erdloch flüchten kann. Versuchen Sie also, den Wurmkörper möglichst nahe beim Erdloch zu erwischen. Haben Sie das geschafft, brauchen Sie nur noch etwas Geduld. Da sich der Wurm mit seinen Borstenfüßen im Erdloch verankert, lässt er sich nicht gleich herausziehen. Sie müssen jetzt einen gleichmäßigen aber nicht zu festen Zug ausüben – der

TIPP
Tauwürmer vertragen Hitze nur schlecht. Im Sommer kann es daher durchaus angebracht sein, sie in einer kleinen Kühltasche zu transportieren.

Wurm soll schließlich nicht reißen. Nach wenigen Sekunden erlahmt der Widerstand des Tauwurms und Sie sind – nach spannendem Kampf – um einen hervorragenden Angelköder reicher. Dass einige Angler bloß noch Tauwürmer jagen und nicht mehr fischen gehen, ist allerdings nur ein Gerücht.

Vor dem Angeln die Jagd – Die Jagd auf den Wurm.

REIZFARBE ROT

Material:
wasserfester Stift, rote oder orange Wolle, rote Joghurtbecher (zum Beispiel Fruchtzwerge), Nagel, Feuerzeug

Raubfische wie Hechte, Zander, Barsche oder Forellen können ausgezeichnet Farben sehen. Besonders heftig reagieren sie dabei auf die Reizfarbe rot, die Farbe des Blutes eines verletzten Beutefischchens. Wer das weiß, kann seine Spinner, Blinker und Wobbler mit wenigen Handgriffen fängiger machen. Ein wasserfester, roter Stift reicht aus, um einen silbernen oder kupfernen Blinker mit attraktiven Längs- oder Querstreifen zu verzieren. Sehr gut geeignet sind dafür kräftig leuchtende Lackstifte. Auch rote Wollpuschel können ihrem Kunstköder den entscheidenden Extrakick verleihen. Einfach den Puschel über die Hakenspitze ziehen oder mit einem roten Faden am Hakenschenkel des Drillings festbinden. Wenn sie ihren Köder das nächste Mal auswerfen, spielt der Wollpuschel verführerisch im Wasser. Für Bastler bietet sich die Variante mit dem roten Joghurtbecher an: Mit einer Schere schneiden Sie Plastikflossen aus dem Becher aus. Im nächsten Schritt brennen Sie mit einem heißen Nagel (über Kerzenflamme oder Feuerzeug erwärmen) ein Loch in die Flosse. In den Sprengring einfädeln – und fertig ist der neue Superköder.

Rote Wolle, rote Farbe – rot peppt jeden Köder auf.

ANGELBÜCHER BEI KOSMOS

ANGELPRAXIS

Aldinger, Hermann
Der Hecht, 1993

Anneken, Jacob,
Specimen Hunting Group
Angeltechniken, 2002

Bailey, John
Das Kosmos Buch vom
Angeln, 2001

Duwe, Georg
Zielfische angeln, 2002

Duwe, Georg
Das KOSMOSBuch
Hechte angeln, 2003

Finkbeiner, Thomas
Angeln an Nord- und
Ostsee, 2002

Gretler, Thomas
Clever und Erfolgreich
Angeln, 2002

Gutjahr, Jahn
Das ABC der Angel-
techniken, 2003

Jacob, Tom
Forellen angeln, 2001

Janitzki, Andreas
1 mal 1 des Angelns, 2001

Janitzki, Andreas
Karpfen angeln, 2002

Kreupl/Rein
Bluewater Fishing, 2002

Rehbronn, Edmund
Handbuch für den
Angelfischer, 2002

Rehbronn/Rutkowski/Jahn
Das Räuchern von Fischen,
1999

Frisch von der Angel –
Die besten Outdoor-Fisch-
rezepte, 2001

Janitzki, Andreas
Die fängigsten Köder, 2003

Staub, Erwin
Anglerknoten leicht gemacht,
2000

Staub, Erwin
Farbatlas der Angelfische,
2000

FLIEGENFISCHEN

Atkinson, R. Valentine
Lachs & Forelle, 2000

Gathercole, Peter
Catch that Fish! – Erfolgreich
Fliegenfischen – Das Praxis-
buch, 2001

Hebeisen, Hans-Ruedi
Faszination Fliegenfischen, 2000

Schrodt, Jürgen
Insektenkunde für Fliegen-
fischer, 2003

Schulte, Wolfgang
Streamerfischen, 2000

Steinfort, Hans
Fliegenfischen für Anfänger,
1999

Vestergaard, Niels
Mit der Fliege fischen, 2001

Vestergaard, Niels
Fliegenbinden leicht gemacht,
2002

UNTERHALTUNG

Bailey, John
Angebissen – Ein angelnder
Weltenbummler erzählt, 2002

NACHSCHLAGEWERKE

Stingelwagner/Bachfischer
Das große Kosmos
Angel-und Fischereilexikon,
2002

Umschlaggestaltung von eStudio Calamar unter Verwendung eines Farbfotos von Andreas Janitzki.

Mit 30 Farbfotos vonThomas Gretler.

Bibliografische Information Der Deutschen Bibliothek
Die Deutsche Bibliothek verzeichnet diese Publikation in der Deutschen Nationalbibliografie; detaillierte bibliografische Daten sind im Internet über http://dnb.ddb.de abrufbar.

ISBN 3-440-09497-9
Redaktion: Ben Boden
Gestaltungskonzept: eStudio Calamar
Printed in Czech Republic / Imprimé en République tchèque

KOSMOS Postfach 106011
D-70049 Stuttgart
TELEFON +49 (0)711-2191-0
FAX +49 (0)711-2191-422
WEB www.kosmos.de
E-MAIL info@kosmos.de